Tierische Schutzengel aus Papier

Schutzengel sind nett aussehende Buben und Mädchen mit lockigem Haar, meinen Sie? Ich zeige Ihnen hier Schutzengel, wie Sie sie noch nie gesehen haben: Eine ganze Herde Tiere hat sich zusammengefunden, um Sie vor den Tücken des Alltags zu beschützen, Ihnen Mut zuzusprechen oder ein Lächeln auf Ihre Lippen zu zaubern. Kurz: Hier finden Sie ein tierisch gutes Rund-um-Sorglos-Paket für alle Fälle.

Und dieses Schutzpaket hat keinen Haken: Schnell und einfach können Sie aus etwas Papier und Draht Ihre liebsten Tiere als Schutzschilder für Haustüre oder Fenster und als Schutzbrief für liebe Freunde oder Verwandte basteln. Ein origineller Spruch zeigt dann, welchen Schutz das geflügelte Tier gewährt.

Allzeit viel Glück mit den tierischen Schutzengeln wünscht Ihnen

Angelika Kipp

W0319862

Die Motive lassen sich in folgende Schwierigkeitsgrade unterteilen:

● ○ ○ einfach ● ● ○ etwas schwieriger ● ● ● anspruchsvoll

IHRE GRUND-AUSSTATTUNG

- Transparentpapier
- dünne Pappe
- Bleistift
- Schere
- Cutter mit Schneideunterlage
- Lineal
- evtl. Kreis- und Ellipsen-Schablone
- Bürolocher
- Filzstifte oder Gelstifte in verschiedenen Farben zum Beschriften der Schilder
- Filzstift in Schwarz
- Buntstift in Rot
- Klebstoff, z. B. UHU Alleskleber
- Nadel und Nähgarn in verschiedenen Farben
- Holzschaschlikstäbchen oder Kugelschreiber

Diese Materialien und Hilfsmittel sollten Sie zur Hand haben, sie werden in den einzelnen Materiallisten nicht aufgeführt.

So wird's gemacht

Rückseitengestaltung bei Fensterbildern

Beschreibung und Materialangaben im Buch beziehen sich auf die einseitige Gestaltung eines Fensterbildes. Wollen Sie auch die Rückseite gestalten, benötigen Sie die meisten Motivteile doppelt, einmal spiegelverkehrt. Sie werden in der gleichen Reihenfolge wie auf der Vorderseite fixiert.

Karten zuschneiden

In diesem Buch können Sie zwischen zwei Kartengrößen wählen: dem länglichen Din lang-Format (21 cm x 10,7 cm) und dem herkömmlichen Grußkartenformat (10,5 cm x 14,7 cm).
Für Klappkarten wird die Grundkartenfläche verdoppelt, mittig mithilfe von Scherenspitze und Lineal leicht angeritzt und gefaltet.

Die Karten können direkt beschriftet werden, z. B. mit einem Filzstift oder Gelstift, oder es wird ein Einlegeblatt eingeklebt.

Hinweis: Die Vorlage für die Grundform der Karten im Din lang-Format finden Sie auf Vorlagenbogen 2A.

Drahtenden kräuseln

Damit die Drahtenden spiralförmig aussehen, werden sie um ein Holzschaschlikstäbchen oder einen Kugelschreiber gewickelt. Den umwickelten Gegenstand wieder herausziehen, schon sind die Drahtenden gleichmäßig gekräuselt.

Schritt für Schritt erklärt

1 Transparentpapier auf das ausgewählte Motiv auf dem Vorlagenbogen legen und mit einem Stift alle benötigten Einzelteile ohne Überschneidungen übertragen.

2 Das Transparentpapier mit den Zeichnungen auf eine dünne Pappe kleben und die Einzelteile sauber ausschneiden – fertig sind die Schablonen!

3 Die Schablonen auf den Tonkarton der gewünschten Farbe legen, mit dem Bleistift umfahren und die Einzelteile ausschneiden. Für Gesichter und Linien einen schwarzen Filzstift verwenden, die Wangen werden mit einem roten Buntstift gemalt. Alle Motivteile laut Abbildung und Anleitung zusammenkleben, beim Positionieren hilft der Vorlagenbogen.

1.

2.

3.

Bella und Betty, die Bären

→ für den kleinen Trost zwischendurch

MOTIVHÖHE
Schild: ca. 29 cm

Karte: ca. 21 cm

MATERIAL
SCHILD

- Tonkartonreste in Gelb, Hellblau, Schwarz, Mittelbraun, Orange, Weiß, Rot, Meergrün und Dunkelblau
- selbstklebende Sterne in Gold, ø 1,2 cm
- Stieldraht in Grün, ø 0,65 mm, 3,5 cm lang

KARTE

- Tonkarton in Violett, A4
- Tonkartonreste in Rot, Mittelbraun, Weiß, Violett und Gelb
- Tonpapierrest in Orange

VORLAGENBOGEN 1A

1 Die Gesichter mit Filz- und Buntstift gestalten und alle gepunkteten Linien (siehe Vorlagenbogen) zeichnen, die Nasen und die Innenohrteile werden aufgeklebt.

2a Bei der Karte den zusammengefügten Trostengel mit dem kleinen Bären auf der Wolke platzieren. Dem kleinen Bären den rechten Arm aufkleben und schwarz umranden. Sterne und Heiligenschein ergänzen.

2b Beim „Schlaf-Gut-Bären" das Fußteil samt geflickter Wolke, linkem Arm und Flügelteil unter das sternenbesetzte Kleid kleben. Den rechten Arm auf dem Kleid positionieren und das Kopfteil mit dem Heiligenschein so aufsetzen, dass die Pfote auf dem Mundteil liegt. Das geflickte Kissen laut Abbildung fixieren. Die Nähstiche auf den Flicken mit Filzstift aufmalen.

Schlaf gut!
Trostbärchen

Glücks-
express
Viel
Glück!

Fridolin und Frederik, die Glücksschweine

→ „Viel Schwein“, ganz schnell gebracht

MOTIVHÖHE
Schild: ca. 14 cm

Karte: ca. 14,5 cm

MATERIAL
SCHILD
- Tonkartonreste in Rosa, Altrosa, Pink, Violett, Orange und Grün

KARTE
- Tonkartonreste in Rosa, Altrosa, Pink, Orange, Weiß, Violett und Grün

VORLAGENBOGEN 1B

1 Die Gesichter sowie alle gepunkteten Linien (siehe Vorlagenbogen) mit Filzstift aufzeichnen und die Wangen mit Buntstift röten. Die Schnauze und den Schal festkleben. Die Punkte auf dem Schal des großen Schweins sind aufgemalt.

2a Beim fliegenden Schwein die Flügel von hinten und den Heiligenschein von vorne an den Körper kleben. Das Kleeblatt zwischen den Klauen platzieren.

2b Am kleinen Schwein die Flügel festkleben und es auf die Karte setzen. Den rechten Arm zusammen mit dem Kleeblatt fixieren und Heiligenschein

Karl, Carlos und Karla, die Kühe

→ die kuhlsten Kühe weit und breit

MOTIVHÖHE

Junge: ca. 25,5 cm

Bodyguard: ca. 23,5 cm

Mädchen: ca. 23 cm

MATERIAL JUNGE BZW. MÄDCHEN

- Tonkarton in Weiß, A4
- Tonkartonreste in Schwarz, Rot, Rosa, Orange, Braun und Grün
- dünner Silberdraht, ca. 55 cm lang (nur Junge)

BODYGUARD

- Tonkarton in Weiß, A4
- Tonkartonreste in Schwarz, Rot, Orange, Braun und Violett

VORLAGEN-BOGEN 1B

1 Die Köpfe mit einem schwarzen Filzstift bemalen. Die Körper mit dem Kuhmuster bekleben und laut Abbildung die Gliedmaßen, Schwänze, Flügel und Schilder fixieren.

2 Die Flügel über einem Stift leicht wellen, so wirken sie plastischer. Das Schild des Kuhjungen wird mit Draht an den Arm gebunden, die Drahtenden sind um ein Holzstäbchen gekräuselt. Die Nähstiche auf den Flicken mit Filzstift zeichnen. Die Knöpfe beim Kuhjungen aufkleben.

3 Die Schnauze, das Hornteil, den Heiligenschein und ggf. die Haare bzw. die Brille aufkleben. Den Kopf des Bodyguards leicht schräg auf den Körper kleben.

Tipp: Für Karten die Motive auf dem Kopierer um ca. 50 % verkleinern.

Einen kuhlen Tag!
Immer kuhl bleiben!

Minka und Mirko, die süßen Kätzchen

→ für Schmusekatzen und Schmusekater

MOTIVHÖHE
Schild: ca. 32 cm

Karte: ca. 21 cm

MATERIAL
SCHILD

- Tonkarton in Helllila und Rosa, A4
- Tonkartonreste in Dunkelblau, Pink, Meergrün, Grau und Vanille
- dünner Silberdraht, 20 cm lang
- Stieldraht in Grün, ø 0,65 mm, 5 cm lang

KARTE

- Tonkarton in Hellblau, A4
- Tonkartonreste in Weiß, Rosa und Pink
- Tonpapierrest in Violett

VORLAGENBOGEN 2A

1 Die Gesichter und alle gepunkteten Linien (siehe Vorlagenbogen) mit Filzstift aufmalen. Bei der großen Katze Nase und Innenohrteile aufkleben.

2 a Bei der großen Katze auf dem Türschild das Fellmuster aufkleben und den Schwanz mit dem dahinter geklebten Mäusekopf und -schwanz fixieren. Die Mäusepfoten, das Tuch sowie den Kopf von vorne, die Flügel von hinten ergänzen und die Katze auf das Schild setzen. Dieses wird noch mit einem geflickten Herz verziert, das mit Draht befestigt ist. Die Drahtenden mithilfe eines Holzstäbchens kräuseln.

2 b Die Katze auf der Karte wird laut Abbildung mit dem Pünktchenmuster beklebt und mit von hinten fixierten Flügeln mit der Wolke auf die Karte gesetzt. Den Heiligenschein über den Kopf und den Randstreifen (5 mm breit) aufkleben.

Best friends
Dein Schmusekater ist bei dir

Gute-
Laune-Engel
Ich pass' auf
dich auf!

Wauz und Waldo, die Schutzhunde

→ Schutzengel auf vier Pfoten

MOTIVHÖHE
Schild: ca. 34 cm

Karte: ca. 21 cm

MATERIAL SCHILD

- Tonkarton in Vanille, A3
- Tonkartonreste in Rehbraun, Gelb, Orange, Rot, Meergrün und Schwarz
- Stieldraht in Grün, ø 0,65 mm, 5 cm lang

KARTE

- Tonkarton in Violett, A4
- Tonkartonreste in Orange, Rot, Meergrün, Gelb, Mittel- und Dunkelbraun

VORLAGEN-BOGEN 2A+2B

1 Die Gesichter, das Flickenmuster und alle gepunkteten Linien (siehe Vorlagenbogen) mit einem schwarzen Filzstift aufmalen und die Wangen mit Buntstift röten. Die Nasen werden aufgeklebt.

2a Dem großen Hund nacheinander das Hemd samt der Knöpfe, den Knochen, die Arme und das Ohrenpaar von vorne, die Flügel von der Rückseite ankleben. Den Heiligenschein mit Stieldraht befestigen.

2b Beim Wachhund das Ohren- und Flügelpaar sowie den Schwanz von der Rückseite fixieren. Das Halsband, die Pfoten und das Herz von vorne aufkleben und das Kopfteil ergänzen. Nacheinander den Heiligenschein, das Schild und das Tier auf der Karte fixieren.

Leo und Leon, die Löwen

→ keiner brüllt lauter

MOTIVHÖHE
Bodyguard: ca. 21 cm
Löwe mit Herz: ca. 22,5 cm

MATERIAL PRO LÖWE
- Tonkarton in Orange, A4
- Tonkartonreste in Braun, Schwarz, Rot und Gelb

VORLAGENBOGEN 2B

1 Die Gesichter auf die Mähnen kleben und alle gepunkteten Linien (siehe Vorlagenbogen) mit Filzstift aufmalen. Nasen, Ohren und Brille sind aufgeklebt.

2 Die Flügel hinter, die Krawatte bzw. das Herz auf den Körper kleben und Schwanzquaste und Stern aufsetzen. Den Kopf auf den Körper kleben.

Tipp: Auf 50 % verkleinert, können Sie die Löwen auch für Grußkarten verwenden.

Power for you!

Lara, Lena und Luis, die Mäuseengel

→ machen sich für die Allerkleinsten stark

MOTIVHÖHE
fliegende Maus: ca. 27 cm
stehende Maus: ca. 18,5 cm
Titel-Maus: ca. 25,5 cm

MATERIAL STEHENDE MAUS
- Tonkarton in Grau, A4
- Tonkartonreste in Rosa, Violett, Weiß und Schwarz
- dünner Silberdraht, 30 cm lang
- Stieldraht in Grün, ø 0,65 mm, 3 cm lang

FLIEGENDE MAUS
- Tonkarton in Grau, A4
- Tonkartonreste in Pink, Rosa, Weiß und Schwarz
- Stieldraht in Grün, ø 0,65 mm, 3 cm lang

TITEL-MAUS
- Tonkartonreste in Rosa, Pink, Lavendel, Weiß und Schwarz
- dünner Silberdraht, 18 cm lang
- Stieldraht in Grün, ø 0,65 mm, 4 cm lang

VORLAGENBOGEN 3A

1 Gesichter und alle gepunkteten Linien (siehe Vorlagenbogen) mit Filzstift aufmalen, die Wangen mit Buntstift röten. Nasen und ggf. Zähne von vorne, den Stieldraht mit dem angeklebten Heiligenschein von hinten fixieren.

2a Die rosa Maus auf der Wolke platzieren. Die Flügel von der Rückseite, den Schwanz samt des Herzchens, die Innenohrteile und den rechten Arm von vorne ergänzen. Das Drahtende wird mithilfe eines Holzstäbchens gekräuselt.

2b Für die grauen Mäuse die Kleider mit Flicken und Punkten (mit dem Bürolocher ausgelocht) bekleben. Dann die Flügel von hinten und den Kopf sowie bei der fliegenden Maus den linken Arm von vorne aufkleben. Die Mäuse auf die Wolken setzen und diese mit einem Herzchen oder Sternchen verzieren.

Gute-Träume-Maus
Ich bin immer für dich da!

Fritz und Frieda, die Frösche

→ möge die Sonne immer scheinen!

MOTIVHÖHE
Schild: ca. 23,5 cm

Karte: ca. 21 cm

MATERIAL SCHILD

- Tonkarton in Grün, A4
- Tonkartonreste in Gelb, Orange, Rot und Violett-Rot gestreift
- Stieldraht in Grün, 3 cm lang

KARTE

- Tonkarton in Dunkelblau, A4
- Tonkartonreste in Grün, Gelb, Rot, Orange, Weiß, Violett und Schwarz

VORLAGEN-BOGEN 2B+3A

1 Gesichter, Schirmstreifen, Flickennähte und alle gepunktet gezeichneten Linien auf dem Vorlagenbogen werden mit schwarzem Filzstift, die Wangen mit Buntstift gemalt. Die Flicken vorher auf den Kleidungsstücken fixieren.

2a Beim Schild den Körper des Frosches mit der Hose bekleben und von hinten die Flügel, von vorne den Kopf und die zweiteilige Sonne aufsetzen. Der Heiligenschein wird mit Stieldraht von der Rückseite fixiert.

2b Beim Frosch auf der Karte das Fußpaar, den rechten Arm und das Flügelpaar von hinten fixieren. Die linke Hand hält den zweiteiligen Schirm. Den Frosch mit der Wolke auf die Karte kleben und Lippen, Stern, Randstreifen und Heiligenschein ergänzen.

Gut-
Wetter-
Frosch
Allwetter-
Schutzengel

Hals- und Beinbruch!
Krächz mich an auf Wolke 932750

Rolf und Roger, die Raben

→ fangen das Pech ab!

MOTIVHÖHE
Schild: ca. 28 cm

Karte: ca. 14,7 cm

MATERIAL SCHILD

- Tonkarton in Schwarz, A4
- Tonkartonreste in Weiß, Orange, Gelb, Rot, Grün und Blau
- dünner Silberdraht, 25 cm lang

KARTE

- Tonkartonreste in Lila, Weiß, Schwarz, Orange, Gelb, Rot und Grün

VORLAGENBOGEN 3B

1 Pupillen, Schnabelstriche und alle gepunkteten Linien (siehe Vorlagenbogen) mit Filzstift aufmalen. Die Augen aufsetzen und das Flügelpaar von der Rückseite ergänzen.

2a Beim Türschild den zweiteiligen Schal mit eingeschnittenen Fransen und den Schnabel aufkleben. Das Beinpaar samt des Gipses und das Schild fixieren und am linken Flügel das Herz mit Draht anbringen. Die Drahtenden zum Kräuseln um ein Holzstäbchen winden.

2b Beim Raben auf der Karte die dreiteilige Mütze und den Schnabel fixieren. Den Raben hinter die Wolke setzen und auf die Karte kleben.

Hannes und Helga, die Hasen

→ Expressschutz von flinken Hasenengeln

1 Die Gesichter und alle gepunkteten Linien (siehe Vorlagenbogen) mit Filzstift aufzeichnen, die Wangen mit Buntstift malen. Die Innenohrteile sowie die Nase des fliegenden Hasen werden aus Papier ausgeschnitten und aufgeklebt.

2a Der fliegende Hase erhält sein Kleid und die linke Pfote mit der zweiteiligen Möhre. Die Flügel über einen Stift ziehen – so werden sie leicht gewellt und sehen plastischer aus – und hinter das Kleid kleben. Von hinten noch den rechten Arm und die Beine, von vorne den Kopf aufkleben.

2b Das Häschen auf der Karte laut Abbildung zusammenkleben und mit der Wolke auf die Karte setzen. Die Flickennaht mit einem Filzstift aufmalen und Stern und Heiligenschein fixieren.

MOTIVHÖHE

Schild: ca. 22,5 cm

Karte: ca. 21 cm

MATERIAL SCHILD

- Tonkarton in Mittelbraun, A4
- Tonkartonreste in Dunkelbraun, Violett, Pink, Grün, Orange, Schwarz und Gelb

KARTE

- Tonkarton in Violett, A4
- Tonkartonreste in Mittel- und Dunkelbraun, Pink, Rosa, Gelb und Weiß

VORLAGENBOGEN 3B

Vitaminexpress
Schutz für Hasenfüße

Gansi und Gansfred, die gefiederten Schutzengel

→ „Gans“ viel Schutz für unterwegs

1 Die Gesichter und alle gepunkteten Linien (siehe Vorlagenbogen) mit einem schwarzen Filzstift aufzeichnen. Die Wangen mit Buntstift malen.

2a Bei der Reisegans Heiligenschein, Schnabel und Schal von vorne, Flügel und Beine von hinten festkleben. Schal und Flügel vor dem Aufkleben über einen Stift wellen, so wirken sie plastischer. Die Punkte auf dem Schalflicken sind mit einem Bürolocher ausgestanzt, die Schalenden werden fransig eingeschnitten.
Den Koffer laut Abbildung gestalten und aufkleben. Die Gans auf die Wolke kleben, die Nähstiche am Flicken sind aufgemalt.

2b Der kleinen Gans die Flügel ankleben und sie zusammen mit der Wolke auf der Karte fixieren. Füße, Schnabel und Heiligenschein aufkleben.

MOTIVHÖHE
Schild: ca. 31 cm

Karte: ca. 15 cm

MATERIAL
SCHILD
- Tonkarton in Weiß, A4
- Tonkartonreste in Gelb, Orange, Rot, Mittelblau, Meergrün und Violett

KARTE
- Tonkarton in Dunkelblau, A4
- Tonkartonreste in Weiß, Gelb, Orange und Hellblau

VORLAGENBOGEN 4A

Gans gute Reise!
Immer Gans brav bleiben!

Frost-
schutz-
Engel
Keep cool!

Peter und Paul, die Pinguine

→ für einen kühlen Kopf

MOTIVHÖHE
Schild: ca. 21,5 cm

Karte: ca. 21 cm

MATERIAL
SCHILD

- Tonkartonreste in Gelb, Weiß, Orange, Pink, Lila und Schwarz
- dünner Silberdraht, 25 cm lang

KARTE

- Tonkarton in Himmelblau, A4
- Tonkartonreste in Schwarz, Weiß, Pink, Lila und Orange
- Tonpapierrest in Gelb

VORLAGENBOGEN 4A

1 Die Gesichter und alle gepunkteten Linien (siehe Vorlagenbogen) mit einem Filzstift aufmalen und die Wangen mit einem Buntstift röten.

2 Schnabel und zweiteilige Mütze von vorne und die Flügel von der Rückseite ergänzen. Beim Pinguin auf der Karte für die Flügel Tonpapier verwenden.

3 a Beim stehenden Pinguin das Bauchteil von vorne und die Beine von hinten ankleben und den Vogel auf die Eisscholle setzen. Am Flügel mit Draht das geflickte Herz befestigen. Die Nähstiche sind mit einem Filzstift aufgemalt, das Drahtende über einem Holzstäbchen gekräuselt.

3 b Den Pinguin auf der Karte wie abgebildet auf die Eiszapfen setzen und auf die Karte kleben. Einige Schneeflocken ergänzen.

Ich
gebe dir Halt!

Siggi und Sven, die Seehunde

→ für Wasserratten

MOTIVHÖHE
ca. 26 cm

MATERIAL
SEEHUND MIT ANKER

- Tonkarton in Grau, A4
- Tonkartonreste in Dunkelblau, Weiß und Schwarz

SEEHUND MIT RETTUNGSREIFEN

- Tonkarton in Grau, A4
- Tonkartonreste in Rot, Weiß und Schwarz

VORLAGENBOGEN 4B

1 Die Gesichter, Flickennähte und alle gepunkteten Linien (siehe Vorlagenbogen) mit Filzstift aufmalen und die Wangen mit Buntstift röten. Die Nase und den zusammengeklebten Hut aufsetzen.

2 Die Arme aufkleben, wobei nur der obere Teil fixiert wird. Die Halstücher, Schilder und den Rettungsring bzw. Anker nach Abbildung platzieren. Die Flügel von der Rückseite ergänzen.

Elfi und Egon, die Elefanten

→ geben megastarken Schutz

MOTIVHÖHE
Schild: ca. 20,5 cm

Karte: ca. 21 cm

MATERIAL SCHILD

- Tonkarton in Grau, A4
- Tonkartonreste in Gelb, Violett, Pink, Blau und Schwarz

KARTE

- Tonkarton in Violett, A4
- Tonkartonreste in Grau, Gelb, Violett, Pink und Weiß

VORLAGENBOGEN 4B

1 Die Gesichter und alle gepunkteten Linien (siehe Vorlagenbogen) mit Filzstift aufzeichnen. Die Wangen mit einem Buntstift röten.

2a Beim fliegenden Elefanten die Kleidungsstücke zusammenfügen. Den Kopf samt Heiligenschein, den Arm und ein Bein von vorne, das andere Bein sowie die Flügel von hinten ergänzen. Die dreiteilige Hantel zwischen den Rüsselteilen befestigen.

2b Bei der Karte das Kleid samt Herz auf den Körper kleben und das Kopfteil platzieren. Das Flügelpaar und die Wolke von der Rückseite ergänzen. Den Elefanten auf die Karte kleben und Heiligenschein und Stern ergänzen.

Ich gebe
dir Kraft!
Mega-Schutz
für alle Fälle

Fanny und Felix, die Pferde

→ für Pferdeliebhaber

MOTIVHÖHE

Pferd mit Auto: ca. 22 cm

Pferd auf Wolke: ca. 20,5 cm

MATERIAL PFERD AUF WOLKE

- Tonkartonreste in Orange, Schwarz, Rot, Gelb und Weiß

PFERD MIT AUTO

- Tonkartonreste in Orange, Schwarz, Rot, Gelb, Pink und Lila
- dünner Silberdraht, 40 cm lang

VORLAGENBOGEN 1A

1 Gesichter und alle gepunkteten Linien (siehe Vorlagenbogen) mit Filzstift aufmalen und die Wangen mit Buntstift röten. Huf- und Mähnenteile von vorne, den Schwanz von hinten ergänzen.

2a Beim Pferd auf der Wolke den Sattel und die Flügel fixieren. Das Pferd auf die Wolke setzen und mit den Sternen verzieren.

2b Dem PS-Engel von hinten die Flügel ankleben und von vorne das Auto aufkleben. Das Schild an den gebogenen Draht hängen und am Arm befestigen.

Tipp: Auf ca. 60 % verkleinert, können die Pferde auch auf Grußkarten geklebt werden.

DIESES BUCH ENTHÄLT 4 VORLAGENBOGEN

IMPRESSUM

REINZEICHNUNGEN: Berthold Kipp
FOTOS: frechverlag GmbH, 70499 Stuttgart; Fotostudio Ullrich & Co., Renningen
DRUCK: frechdruck GmbH, 70499 Stuttgart

Auflage: 5. 4. 3. 2. 1.
Jahr: 2008 2007 2006 2005 2004 [Letzte Zahlen maßgebend]

ISBN 3-7724-3255-7
Best.-Nr. 3255